CONSTITUTION

DE LA RÉPUBLIQUE

ROMAINE,

Traduite de l'italien sur une édition authentique.

À PARIS,

DE L'IMPRIMERIE DE LA RÉPUBLIQUE.

Germinal an VI.

DÉCLARATION

DES DROITS ET DES DEVOIRS

DE L'HOMME ET DU CITOYEN.

LE PEUPLE ROMAIN proclame, en présence de Dieu, la déclaration suivante des droits et des devoirs de l'homme et du citoyen :

DROITS.

ART. I.er LES droits de l'homme en société sont, la liberté, l'égalité, la sûreté, la propriété.

II. La liberté consiste à pouvoir faire ce qui ne nuit pas aux droits d'autrui.

III. L'égalité consiste en ce que la loi est la même pour tous, soit qu'elle protége, soit qu'elle punisse.

L'égalité n'admet aucune distinction de naissance, aucune hérédité de pouvoirs.

IV. La sûreté résulte du concours de tous pour assurer les droits de chacun.

V. La propriété est le droit de jouir et de disposer de ses biens, de ses revenus, du fruit de son travail et de son industrie.

VI. La loi est la volonté générale exprimée par la majorité des citoyens ou de leurs représentans.

A 2

VII. Ce qui n'est pas défendu par la loi ne peut être empêché.

Nul ne peut être contraint à faire ce qu'elle n'ordonne pas.

VIII. Nul ne peut être appelé en justice, accusé, arrêté ni détenu, que dans les cas déterminés par la loi, et selon les formes qu'elle a prescrites.

IX. Ceux qui sollicitent, expédient, signent, exécutent ou font exécuter des actes arbitraires, sont coupables et doivent être punis.

X. Toute rigueur qui ne serait pas nécessaire pour s'assurer de la personne d'un prévenu, doit être sévèrement réprimée par la loi.

XI. Nul ne peut être jugé qu'après avoir été entendu ou légalement appelé.

XII. La loi ne doit décerner que des peines strictement nécessaires et proportionnées au délit.

XIII. Tout traitement qui aggrave la peine déterminée par la loi, est un crime.

XIV. Aucune loi, ni criminelle, ni civile, ne peut avoir d'effet rétroactif.

XV. Tout homme peut engager son temps et ses services : mais il ne peut se vendre ni être vendu ; sa personne n'est pas une propriété aliénable.

XVI. Toute contribution est établie pour l'utilité générale ; elle doit être répartie entre les contribuables, en raison de leurs facultés.

XVII. La souveraineté réside essentiellement dans l'universalité des citoyens.

XVIII. Nul individu, nulle réunion partielle de citoyens, ne peut s'attribuer la souveraineté.

XIX. Nul ne peut, sans une délégation formelle, exercer aucune autorité, ni remplir aucune fonction publique.

XX. Chaque citoyen a un droit égal de concourir, immédiatement ou médiatement, à la formation de la loi, à la nomination des représentans du peuple et des fonctionnaires publics.

XXI. Les fonctions publiques ne peuvent devenir la propriété de ceux qui les exercent.

XXII. La garantie sociale ne peut exister si la division des pouvoirs n'est pas établie, si leurs limites ne sont pas fixées, et si la responsabilité des fonctionnaires publics n'est pas assurée.

DEVOIRS.

ART. I.er Le maintien de la société demande que ceux qui la composent connaissent et remplissent également leurs devoirs.

II. Tous les devoirs de l'homme et du citoyen dérivent de ces deux principes gravés par la nature dans tous les cœurs :

Ne faites pas à autrui ce que vous ne voudriez pas qu'on vous fît.

Faites aux autres le bien que vous voudriez en recevoir.

III. Les obligations de chacun envers la société consistent à la défendre, à la servir, à vivre soumis aux lois, et à respecter ceux qui en sont les organes.

IV. Nul n'est bon citoyen s'il n'est bon fils, bon père, bon frère, bon ami, bon époux.

V. Nul n'est homme de bien s'il n'est franchement et religieusement observateur des lois.

VI. Celui qui viole ouvertement les lois, se déclare en état de guerre avec la société.

VII. Celui qui, sans enfreindre ouvertement les lois, les élude par ruse ou par adresse, blesse les intérêts de tous ; il se rend indigne de leur bienveillance et de leur estime.

VIII. C'est sur le maintien des propriétés que reposent la culture des terres, toutes les productions, tout moyen de travail, et tout l'ordre social.

IX. Tout citoyen doit ses services à la patrie, et au maintien de la liberté, de l'égalité et de la propriété, toutes les fois que la loi l'appelle à les défendre.

CONSTITUTION
ROMAINE.

ARTICLE PREMIER.

LA RÉPUBLIQUE ROMAINE est une et indivisible.

2. L'universalité des citoyens romains est le souverain.

TITRE I.er

DIVISION DU TERRITOIRE.

3. La République romaine est divisée en..... départemens.

Ces départemens sont les suivans : le Cimino, le Circeo, le Clitumno, le Metauro, le Musone, le Tibre, le Trasimène, le Tronto.....

4. Les limites des départemens peuvent être changées ou rectifiées par les Conseils législatifs; mais, en ce cas, la surface d'un département ne peut excéder cinquante-cinq myriamètres carrés (2479 milles carrés de Rome).

5. Chaque département est distribué en cantons et en communes.

TITRE II.

ÉTAT POLITIQUE DES CITOYENS.

6. Tout homme né et résidant dans la République romaine, qui, âgé de vingt-un ans accomplis, s'est fait inscrire sur le registre civique de son canton, qui a demeuré depuis, pendant une année, sur le territoire de la République, et qui paie une contribution directe, foncière ou personnelle, est citoyen romain.

Dans les premiers six mois après l'établissement de

la Constitution, la loi pourra accorder le droit de cité
à ceux qu'elle déclarera avoir bien mérité de la République romaine, pourvu qu'ils aient atteint vingt-cinq
ans accomplis.

7. A dater du 1.ᵉʳ vendémiaire de l'an VII de
l'ère républicaine, un étranger ne peut devenir citoyen
romain, s'il n'a atteint vingt-un ans accomplis, s'il n'a résidé
dans la République pendant quatorze ans consécutifs.
Il doit en outre y payer une contribution directe, y
posséder un bien foncier ou un établissement d'agriculture ou de commerce, ou avoir épousé une Romaine,
et avoir de plus déclaré dans les registres civiques, l'intention où il est de s'y fixer.

8. Les individus inscrits sur la liste des émigrés de
la République française sont exclus pour toujours des
droits de citoyen romain, et bannis du territoire de la
République romaine.

9. Les citoyens romains peuvent seuls voter dans les
comices, et être appelés aux fonctions établies par la
Constitution.

10. L'exercice des droits de citoyen se perd,

1.º Par la naturalisation en pays étranger;

2.º Par l'affiliation à toute corporation étrangère qui
supposerait des distinctions de naissance ou qui exigerait des vœux de religion;

3.º Par l'acceptation de fonctions ou de pensions
offertes par un gouvernement étranger;

4.º Par la condamnation à des peines afflictives ou
infamantes, jusqu'à réhabilitation.

11. L'exercice des droits de citoyen est suspendu,

1.º Par l'interdiction judiciaire pour cause de fureur,
de démence ou d'imbécillité;

2.º Par l'état de débiteur failli, ou d'héritier immédiat, détenteur, à titre gratuit, de tout ou partie de la
succession d'un failli;

3.º Par l'état de domestique à gages, attaché au service de la personne ou du ménage;

4.º Par l'état d'accusation ;

5.º Par un jugement de contumace, tant que le jugement n'est pas anéanti.

12. L'exercice des droits de citoyen n'est perdu ni suspendu que dans les cas exprimés dans les deux articles précédens.

13. Tout citoyen qui aura résidé sept années consécutives hors du territoire de la République sans mission ou autorisation donnée au nom de la nation, est réputé étranger ; il ne redevient citoyen romain qu'après avoir satisfait aux conditions prescrites par l'article 7.

14. Les jeunes gens ne peuvent être inscrits sur le registre civique, s'ils ne prouvent qu'ils savent lire et écrire, et exercer l'agriculture ou une autre profession mécanique.

Cet article n'aura d'exécution qu'à compter de l'an quinzième de l'ère républicaine.

TITRE III.

COMICES.

15. Les comices se composent des citoyens domiciliés dans le même canton.

Le domicile requis pour voter dans ces assemblées s'acquiert par la seule résidence pendant une année, et il se perd par un an d'absence.

16. Nul ne peut se faire remplacer dans les comices, ni voter pour le même objet dans plus d'une de ces assemblées.

17. Il y a au moins un comice par canton.

Lorsqu'il y en a plusieurs, chacun est composé de quatre cent cinquante citoyens au moins, de neuf cents au plus.

Ces nombres s'entendent des citoyens présens ou absens ayant droit d'y voter.

18. Les comices se constituent provisoirement sous la présidence du plus ancien d'âge : le plus jeune remplit provisoirement les fonctions de secrétaire.

19. Ils sont définitivement constitués par la nomination, au scrutin, d'un président, d'un secrétaire et de trois scrutateurs.

20. S'il s'élève des difficultés sur les qualités requises pour voter, l'assemblée statue provisoirement, sauf cependant, en cas d'exclusion, le recours à l'administration du département, et définitivement au Pouvoir exécutif.

21. En tout autre cas, les Conseils législatifs prononcent seuls sur la validité des opérations des comices.

22. Nul ne peut paraître en armes dans les comices.

23. Leur police leur appartient.

24. Les comices se réunissent,

1.° Pour accepter ou rejeter les changemens à l'acte constitutionnel, proposés par les assemblées de révision;

2.° Pour faire les élections qui leur appartiennent suivant l'acte constitutionnel.

25. Ils s'assemblent de plein droit le 1.er germinal de chaque année, et procèdent, selon qu'il y a lieu, à la nomination,

1.° Des membres de l'assemblée électorale;

2.° Du préteur et de ses assesseurs;

3.° Du président de la municipalité, ou des édiles dans les communes de 10,000 habitans ou plus.

26. Immédiatement après ces élections, il se tient, dans les communes au-dessous de dix mille habitans, des assemblées de tribus qui élisent les édiles de chaque commune et leurs adjoints.

27. Ce qui se fait dans un comice ou dans une assemblée de tribu au-delà de l'objet de sa convocation, et contre les formes déterminées par la Constitution, est nul.

28. Les comices et les assemblées de tribus ne font aucune autre élection que celles qui leur sont attribuées par l'acte constitutionnel.

29. Toutes les élections se font au scrutin secret.

30. Tout citoyen qui est légalement convaincu d'avoir vendu ou acheté un suffrage, est exclu des comices et

des assemblées de tribus , et de toute fonction publique,
pendant vingt ans ; en cas de récidive, il l'est pour
toujours.

TITRE IV.

ASSEMBLÉES ÉLECTORALES.

31. Chaque comice nomme un électeur à raison de
deux cents citoyens , présens ou absens, ayant droit de
voter dans ladite assemblée.

Jusqu'au nombre de trois cents citoyens inclusivement,
il n'est nommé qu'un électeur.

Il en est nommé deux depuis trois cent un jusqu'à
cinq cents ;

Trois depuis cinq cent un jusqu'à sept cents ;

Quatre depuis sept cent un jusqu'à neuf cents.

32. Les électeurs, immédiatement après leur nomination, se réduisent à moitié de leur nombre par la voie
du sort.

Ils se réunissent à cet effet au chef-lieu de la municipalité ; et le tirage du sort se fait devant le président ,
les édiles et le préfet consulaire.

33. Les membres des assemblées électorales sont nommés chaque année , et ne peuvent être réélus qu'après
un intervalle de deux ans.

34. Nul ne pourra être nommé électeur, s'il n'a vingt-
cinq ans accomplis, et s'il ne réunit aux qualités nécessaires pour exercer les droits de citoyen romain, celle d'être
propriétaire ou usufruitier ou locataire ou fermier d'un
bien dont le revenu soit égal à la valeur locale de cent
cinquante journées de travail.

35. L'assemblée électorale de chaque département se
réunit le 20 germinal de chaque année , et termine,
en une seule session de dix jours au plus, et sans pouvoir s'ajourner, toutes les élections qui se trouvent à
faire ; après quoi elle est dissoute de plein droit.

36. Les assemblées électorales ne peuvent s'occuper

d'aucun objet étranger aux élections dont elles sont char-gées; elles ne peuvent envoyer ni recevoir aucune adresse, aucune pétition, aucune députation.

37. Les assemblées electorales ne peuvent corres-pondre entre elles.

38. Aucun citoyen ayant été membre d'une assemblée électorale, ne peut prendre le titre d'électeur, ni se réunir, en cette qualité, à ceux qui ont été avec lui membres de cette même assemblée.

La contravention au présent article est un attentat à la sûreté générale.

39. Les articles 16, 18, 19, 21, 22, 23, 27, 28, 29 et 30 du titre précédent, sur les comices, sont com-muns aux assemblées électorales.

40. Les assemblées électorales élisent, selon qu'il y a lieu,

1.° Les membres des Conseils législatifs; savoir : les membres du Sénat, ensuite les membres du Tribunat;

2.° Les membres de la haute-préture;

3.° Les hauts-jurés;

4.° Les administrateurs de département;

5.° Le président et le scribe du tribunal criminel;

6.° Les juges du tribunal civil;

7.° Les présidens des tribunaux de censure.

41. Lorsqu'un citoyen est élu par les assemblées élec-torales pour remplacer un fonctionnaire mort, démission-naire ou destitué, ce citoyen n'est élu que pour le temps qui restait au fonctionnaire remplacé.

42. Le préfet consulaire de chaque département est tenu, sous peine de destitution, d'informer le Consulat de l'ouverture et de la clôture des assemblées électorales: il n'en peut arrêter ni suspendre les opérations, ni entrer dans le lieu des séances; mais il a droit de demander commu-nication du procès-verbal de chaque séance dans les vingt-quatre heures qui la suivent, et il est tenu de dénoncer au Consulat les infractions qui seraient faites à l'acte consti-tutionnel.

Dans tous les cas, les Conseils législatifs prononcent seuls sur la validité des opérations des assemblées électorales.

TITRE V.

POUVOIR LÉGISLATIF.

Dispositions générales.

43. Le pouvoir législatif est exercé par deux Conseils distincts et indépendans l'un de l'autre, et ayant un costume particulier à chacun. Ces deux Conseils sont le Sénat et le Tribunat.

44. Les Conseils législatifs, dans aucun cas, ne peuvent, ni collectivement ni partiellement, déléguer à un ou plusieurs de leurs membres, ni à qui que ce soit, aucune des fonctions qui leur sont attribuées par la présente Constitution.

45. Ils ne peuvent exercer par eux-mêmes, ni par des délégués, le pouvoir exécutif, ni le pouvoir judiciaire.

46. Il y a incompatibilité entre la qualité de membre d'un Conseil législatif et l'exercice d'une autre fonction publique.

47. La loi détermine le mode du remplacement définitif ou temporaire des fonctionnaires publics qui viennent à être élus membres des Conseils législatifs.

48. Chaque département concourt à la nomination des membres du Sénat et des membres du Tribunat.

49. Les membres des Conseils législatifs n'appartiennent pas au département qui les a nommés, mais à la nation entière; et il ne peut leur être donné aucun mandat.

50. Tous les deux ans le Sénat se renouvelle par quart, et le Tribunat par tiers.

51. Les membres qui sortent du Sénat après huit ans, et les membres qui sortent du Tribunat après six ans, peuvent être réélus immédiatement, les premiers pour les huit, les seconds pour les six années suivantes.

52. Personne ne peut, en aucun cas, être membre

du Sénat plus de seize ans, et du Tribunat plus de douze ans consécutifs.

53. Les membres nouvellement élus pour l'un ou l'autre Conseil, se réunissent à Rome le 1.er prairial de chaque année.

54. Si, par des circonstances extraordinaires, un des deux Conseils se trouve réduit à moins de deux tiers de ses membres, il en donne avis au Consulat, qui est tenu de convoquer, sans délai, les comices des départemens qui ont des membres des Conseils législatifs à remplacer à raison desdites circonstances. Les comices nomment immédiatement les électeurs, qui procèdent aux remplacemens nécessaires.

55. Les deux Conseils résident toujours dans la même commune.

56. Les Conseils législatifs prendront simultanément chaque année une vacance de quatre mois. L'époque de cette vacance est déterminée, chaque année, par une loi portée dans les dix premiers jours de prairial.

57. Les fonctions de président et de secrétaire ne peuvent excéder la durée d'un mois, ni dans le Sénat, ni dans le Tribunat.

58. Les deux Conseils ont respectivement le droit de police dans la salle de leurs séances, et dans l'enceinte extérieure qu'ils ont déterminée. Cette enceinte ne peut contenir plusieurs espaces séparés les uns des autres par des champs, des places ou chemins publics.

59. En aucun cas les Conseils législatifs ne peuvent se réunir dans une même salle ni dans la même enceinte.

60. Ils ont respectivement le droit de police sur leurs membres ; mais ils ne peuvent prononcer de peine plus forte que la censure, les arrêts pour huit jours, et la prison pour trois.

61. Les séances de l'un et de l'autre Conseil sont publiques ; les assistans ne peuvent excéder en nombre le double des membres respectifs de chaque Conseil.

Les procès-verbaux des séances sont imprimés.

62. Dans le Tribunat, toute délibération se prend par assis et levé : en cas de doute, il se fait un appel nominal ; mais alors les votes sont secrets. Dans le Sénat, on ne peut prendre aucune délibération, sinon à l'appel nominal et au scrutin secret.

63. Sur la demande du tiers de ses membres, chaque Conseil peut se former en comité général et secret, mais seulement pour discuter, et non pour délibérer.

64. Ni l'un ni l'autre Conseil ne peut créer dans son sein aucun comité permanent.

Seulement, chaque Conseil a la faculté, lorsqu'une matière lui paraît susceptible d'un examen préparatoire, de nommer parmi ses membres une commission spéciale, qui se renferme uniquement dans l'objet de sa formation.

Cette commission est dissoute aussitôt que le Conseil a statué sur l'objet dont elle était chargée.

65. Les membres des Conseils législatifs reçoivent une indemnité annuelle ; elle est, dans l'un et l'autre Conseil, fixée à la valeur de douze cents myriagrammes de froment (*rubbj 51, 11*).

66. Le Consulat ne peut faire passer ou séjourner aucun corps de troupes dans la distance de deux myriamètres (13 milles de Rome et 426 pas) de la commune où les Conseils législatifs tiennent leurs séances, si ce n'est sur leur réquisition ou avec leur autorisation.

67. Chaque Conseil législatif a sa garde propre et distincte. La garde de l'un ne peut être plus nombreuse ni plus forte que celle de l'autre, ni que celle du Consulat.

68. Les Conseils législatifs n'assistent à aucune cérémonie publique, et n'y envoient point de députation.

Tribunat.

69. Le nombre des membres du Tribunat est invariablement fixé à soixante-douze.

70. Pour être élu membre du Tribunat, il faut être âgé de vingt-cinq ans accomplis, et avoir été domicilié sur le territoire de la République pendant les trois années qui auront immédiatement précédé l'élection.

71. Le Tribunat ne peut délibérer si la séance n'est composée de trente-six membres au moins.

72. La proposition des lois appartient exclusivement au Tribunat.

73. Aucune proposition ne peut être délibérée ni résolue dans le Tribunat qu'en observant les formes suivantes :

Il se fait trois lectures de la proposition ; l'intervalle entre deux de ces lectures ne peut être moindre de dix jours.

La discussion est ouverte après chaque lecture ; et, après la première ou la seconde, le Tribunat peut déclarer qu'il y a lieu à l'ajournement, ou qu'il n'y a pas lieu à délibérer.

Toute proposition doit être imprimée et distribuée deux jours avant la seconde lecture.

Après la troisième lecture, le Tribunat décide s'il y a lieu ou non à l'ajournement.

74. Si on vient à proposer des amendemens ou des dispositions additionnelles après la troisième lecture, le Tribunat peut les rejeter sur-le-champ ; mais il ne peut les adopter qu'après un intervalle de dix jours.

75. Toute proposition qui, soumise à la discussion, a été définitivement rejetée après la troisième lecture, ne peut être reproduite qu'après une année révolue.

76. Les propositions adoptées par le Tribunat, s'appellent *résolutions*.

77. Le préambule de toute résolution énonce,

1.° Les dates des séances auxquelles les trois lectures de la proposition auront été faites ;

2.° L'acte par lequel il a été déclaré, après la troisième lecture, qu'il n'y a pas lieu à l'ajournement.

78. Sont exempts des formes prescrites par l'art. 73,

les

les résolutions qui seront reconnues urgentes, par une déclaration préalable du Tribunat, sur la proposition préalable et nécessaire du Consulat.

Cette déclaration énonce la proposition du Consulat, ainsi que les motifs d'urgence ; et il en est fait mention dans le préambule de la résolution.

Sénat.

79. Le Sénat est composé de trente-deux membres électifs, et de tous les ex-consuls non démissionnés ni destitués qui n'occupent pas d'autre fonction publique. Ceux-ci néanmoins ne pourront y siéger que pendant les huit ans qui suivront leur sortie du Consulat.

80. Nul ne peut être élu membre du Sénat,

S'il n'est âgé de trente-cinq ans accomplis ;

Si de plus il n'est pas marié ou veuf ;

Et s'il n'a pas été domicilié sur le territoire de la République pendant les cinq années qui auront immédiatement précédé l'élection.

81. La condition de domicile exigée par le présent article, et celle prescrite par l'article 70, ne concernent point les citoyens qui sont sortis du territoire de la République avec mission du Gouvernement.

82. Le Sénat ne peut délibérer si la séance n'est composée de dix-huit membres au moins.

83. Il appartient exclusivement au Sénat d'approuver ou de rejeter les résolutions du Tribunat.

84. Aussitôt qu'une résolution du Tribunat est parvenue au Sénat, le président donne lecture du préambule.

85. Le Sénat refuse d'approuver les résolutions du Tribunat qui n'ont point été prises dans les formes prescrites par la Constitution.

86. Si la proposition a été déclarée urgente par le

Tribunat, le Sénat délibère pour approuver ou rejeter l'acte d'urgence.

87. Si le Sénat rejette l'acte d'urgence, il ne délibère point sur le fond de la résolution.

88. Si la résolution n'est pas précédée d'un acte d'urgence, il en est fait trois lectures : l'intervalle entre deux de ces lectures ne peut être moindre de cinq jours.

La discussion est ouverte après chaque lecture.

Toute résolution est imprimée et distribuée deux jours au moins avant la seconde lecture.

89. Les résolutions du Tribunat, adoptées par le Sénat, s'appellent *lois*.

90. Le préambule des lois énonce les dates des séances du Sénat auxquelles les trois lectures ont été faites.

91. Le décret par lequel le Sénat reconnaît l'urgence d'une loi, est motivé et mentionné dans le préambule de cette loi.

92. La proposition de la loi, faite par le Tribunat, s'entend de tous les articles d'un même projet : le Sénat doit les rejeter tous, ou les approuver dans leur ensemble.

93. L'approbation du Sénat est exprimée sur chaque résolution par cette formule, signée du président et des secrétaires : LE SÉNAT APPROUVE.

94. Le refus d'adopter pour cause d'omission des formes indiquées dans l'article soixante-treize, est exprimé par cette formule, signée du président et des secrétaires : LA CONSTITUTION ANNULLE.

95. Le refus d'approuver le fond de la loi proposée, est exprimé par cette formule, signée du président et des secrétaires : LE SÉNAT NE PEUT ADOPTER.

96. Dans le cas du précédent article, le projet de loi rejeté ne peut plus être présenté par le Tribunat qu'après une année révolue.

97. Le Tribunat peut néanmoins présenter, à quelque époque que ce soit, un projet de loi qui contienne des articles faisant partie d'un projet qui a été rejeté.

98. Le Sénat est tenu de décréter, sur chaque résolu-

tion, dans l'espace d'un mois après l'envoi qui lui en a été fait par le Tribunat.

99. Le mois étant révolu sans que le Sénat ait porté de décret, le Tribunat peut lui envoyer un message en ces termes :

« Citoyens Sénateurs, le Tribunat vous rappelle que » le... jour de... il vous a adressé une résolution sur » l'objet...; il vous invite à statuer dans l'espace de » temps fixé par la Constitution ».

Ce temps sera de nouveau d'un mois.

100. Passé cet autre temps sans que le Sénat ait décrété définitivement, le Tribunat peut déclarer que le Sénat, par son silence, a approuvé la résolution. Il peut en conséquence l'envoyer au Consulat pour la faire exécuter comme loi; et il est tenu d'en donner avis au Sénat par un message.

101. En ce cas, le préambule de la loi énonce les actes du Tribunat mentionnés dans les deux articles précédens.

102. Le rapport d'une loi ne peut être voté par urgence ni autrement, que sur la proposition préalable et nécessaire du Consulat. Les votes des deux Conseils ne peuvent, en ce cas, être recueillis qu'à l'appel nominal et au scrutin secret.

103. Le Sénat envoie dans le jour les lois qu'il a adoptées, tant au Tribunat qu'au Consulat.

104. Le Sénat peut changer la résidence des Conseils législatifs; il indique, en ce cas, un nouveau lieu et l'époque à laquelle les deux Conseils sont tenus de s'y rendre.

Le décret du Sénat sur cet objet est irrévocable.

105. Le jour même de ce décret, ni l'un ni l'autre des Conseils ne peuvent plus délibérer dans la commune où ils ont résidé jusqu'alors.

Les membres qui y continueraient leurs fonctions, se rendraient coupables d'attentat contre la sûreté de la République.

106. Les Consuls qui retarderaient ou refuseraient de sceller, promulguer et envoyer le décret de translation des Conseils législatifs, seraient coupables du même délit.

107. Si, dans les vingt jours après celui fixé par le Sénat, la majorité de chacun des deux Conseils n'a pas fait connaître à la République son arrivée au nouveau lieu indiqué ou sa réunion dans un autre lieu quelconque, les administrateurs de département, ou, à leur défaut, les tribunaux civils de département, convoquent les comices pour nommer des électeurs qui procèdent aussitôt à la formation de nouveaux Conseils législatifs, par l'élection de trente-deux députés pour le Sénat, et de soixante-douze pour le Tribunat.

108. Les administrateurs de département qui, dans le cas de l'article précédent, seraient en retard de convoquer les comices, se rendraient coupables de haute trahison et d'attentat contre la sûreté de la République.

109. Sont déclarés coupables du même délit, tous citoyens qui mettraient obstacle à la convocation des comices et des assemblées électorales, dans le cas de l'article cent sept.

110. Les membres des nouveaux Conseils législatifs se rassemblent dans le lieu où le Senat avait transféré les séances.

S'ils ne peuvent se réunir dans ce lieu, en quelque endroit qu'ils se trouvent en majorité, là sont les Conseils législatifs.

111. Excepté dans le cas de l'article cent quatre, aucune proposition de loi ne peut prendre naissance dans le Sénat.

De la garantie des membres des Conseils législatifs.

112. Les citoyens qui sont ou ont été membres des Conseils législatifs ne peuvent être recherchés, accusés ni jugés, en aucun temps, pour ce qu'ils ont dit ou écrit dans l'exercice de leurs fonctions.

113. Les membres des Conseils législatifs, depuis le moment de leur nomination jusqu'au trentième jour après l'expiration de leurs fonctions, ne peuvent être mis en jugement que dans les formes prescrites par les articles qui suivent.

114. Ils peuvent, pour faits criminels, être saisis en flagrant délit : mais il en est donné avis, sans délai, aux Conseils législatifs ; et le procès ne pourra être continué qu'après que le Tribunat aura proposé le renvoi devant la haute-cour de justice, et que le Sénat l'aura décrété.

115. Dans aucun cas, un membre d'un des Conseils législatifs ne peut être traduit devant aucun autre tribunal criminel que celui de la haute-cour de justice.

116. Ils sont traduits devant la même cour pour les faits de trahison, de dilapidation, de manœuvres pour renverser la Constitution, et d'attentat contre la sûreté de la République.

117. Aucune dénonciation contre un membre des Conseils législatifs ne peut donner lieu à poursuite, si elle n'est rédigée par écrit, signée et adressée au Tribunat.

118. Si, après y avoir délibéré en la forme prescrite par l'article soixante-treize, le Tribunat admet la dénonciation, il le déclare en ces termes :

La dénonciation contre . . . pour le fait de . . . datée du . . . signée de . . . est admise.

119. L'inculpé est alors appelé : il a pour comparaître un délai de trois jours francs ; et lorsqu'il comparaît, il est entendu dans l'intérieur du lieu des séances du Tribunat.

120. Soit que l'inculpé se soit présenté ou non, le Tribunat déclare, après ce délai, s'il y a lieu ou non à l'examen de sa conduite.

121. S'il est déclaré par le Tribunat qu'il y a lieu à examen, le prévenu est appelé par le Sénat : il a pour comparaître un délai de deux jours francs ; et s'il comparaît, il est entendu dans l'intérieur du lieu des séances du Sénat.

122. Soit que le prévenu se soit présenté ou non, le Sénat, après ce délai, et après y avoir délibéré dans les formes prescrites par l'article quatre - vingt-huit, renvoie l'inculpé, s'il y a lieu, devant la haute-cour de justice.

123. Toute discussion dans l'un et dans l'autre Conseil, relative à la prévention ou à l'inculpation d'un membre d'un Conseil législatif, se fait en comité général.

124. Toute délibération sur les mêmes objets est prise à l'appel nominal et au scrutin secret.

125. L'accusation prononcée par la première section de la haute-cour de justice contre un membre des Conseils législatifs, entraîne arrestation et suspension.

S'il est acquitté par le jugement de la seconde section de la haute-cour de justice, il reprend ses fonctions.

126. L'inculpation n'emporte avec elle ni suspension ni arrestation.

Relations des deux Conseils entre eux.

127. Chaque Conseil nomme deux messagers d'État pour son service.

128. Ils portent à chacun des Conseils et au Consulat les lois et les actes des Conseils législatifs ; ils ont entrée, à cet effet, dans le lieu des séances du Consulat.

Ils marchent précédés de deux appariteurs.

129. L'un des Conseils ne peut, outre les quatre mois fixés par l'article cinquante - six, suspendre ses séances au-delà de cinq jours, sans le consentement de l'autre.

Promulgation des lois.

130. Le Consulat fait sceller et publier les lois et les autres actes des Conseils législatifs, dans les deux jours après leur réception.

131. Il fait sceller et promulguer, dans le jour, les lois et actes des Conseils législatifs, qui sont précédés d'un décret d'urgence.

132. La publication de la loi et des actes des Conseils législatifs est ordonnée en la forme suivante :

« *Au nom de la République romaine (loi) ou (acte des Conseils législatifs)* . . . . *Le Consulat ordonne que la loi ou l'acte législatif ci-dessus sera publié, exécuté, et qu'il sera muni du sceau de la République* ».

133. Les lois dont le préambule n'atteste pas l'observation des formes prescrites par les articles soixante-treize et quatre-vingt-huit, ne peuvent être promulguées par le Consulat, et sa responsabilité à cet égard dure deux années.

Sont exceptées les lois pour lesquelles l'acte d'urgence a été approuvé par le Sénat.

TITRE VI.

POUVOIR EXÉCUTIF.

134. Le pouvoir exécutif est délégué à cinq Consuls nommés par les Conseils législatifs, faisant alors les fonctions d'assemblée électorale, au nom de la nation.

135. Lorsqu'il y a plusieurs consuls à élire, l'élection de chacun se fait séparément et successivement. L'ordre des listes et des noms n'établit aucune distinction ni aucun rang parmi les élus. Pour l'élection d'un consul, le Tribunat forme une liste de six candidats, qu'il présente au Sénat, qui procède d'abord par en extraire trois au sort, puis procède à l'élection d'un candidat, au scrutin secret, parmi les trois restans.

136. Les membres du Consulat doivent être âgés de trente-cinq ans au moins, mariés ou veufs.

137. Ils ne peuvent être pris que parmi les citoyens qui ont été membres d'un Conseil législatif, consuls ou ministres.

La disposition du présent article ne sera observée qu'à commencer de l'an douze de la République.

138. A compter du premier jour de l'an huitième de la République, les membres électifs des Conseils législatifs ne pourront être élus, consuls ni ministres, soit pendant la durée de leurs fonctions législatives, soit pendant la première année après l'expiration de ces mêmes fonctions.

B 4

139. Le Consulat est partiellement renouvelé, par l'élection d'un nouveau membre chaque année.

Le sort décidera, pendant les quatre premières années, de la sortie successive de ceux qui auront été nommés la première fois.

140. Aucun des membres sortans ne peut être réélu qu'après un intervalle égal à celui des années pendant lesquelles il a été en fonctions.

141. L'ascendant et le descendant en ligne directe, les frères, l'oncle et le neveu, et les alliés à ces divers degrés, ne peuvent être en même temps membres du Consulat, ni s'y succéder immédiatement, qu'après un intervalle égal au nombre d'années qu'ils ont été respectivement en fonctions.

142. En cas de vacance par mort, démission ou autrement, d'un des Consuls, son successeur est élu par les Conseils législatifs dans dix jours pour tout délai.

Le Tribunat est tenu de proposer les candidats dans les cinq premiers jours, et le Sénat doit consommer l'élection dans les cinq derniers.

Le nouveau membre n'est élu que pour le temps d'exercice qui restait à celui qu'il remplace.

Si néanmoins ce temps n'excède pas six mois, celui qui est élu demeure en fonctions jusqu'à la fin du temps qui restait au remplacé, et de plus pendant les cinq années suivantes.

143. Chaque fois qu'il y aura plusieurs consuls à nommer, le Tribunat fera toutes les présentations dans l'espace de deux jours, et le Sénat terminera les nominations dans les deux jours suivans.

144. Chaque consul préside à son tour le Consulat durant trois mois seulement.

Le président a la signature et la garde du sceau.

Les lois et les actes des Conseils législatifs sont adréssés au Consulat, en la personne de son président.

145. Le Consulat ne peut délibérer, s'il n'y a trois consuls présens au moins.

146. Il se choisit, hors de son sein, un secrétaire qui contre-signe les expéditions et rédige les délibérations sur un registre où chaque membre a le droit de faire inscrire son avis motivé.

Le Consulat peut, quand il le juge à propos, délibérer sans l'assistance de son secrétaire ; en ce cas, les délibérations sont rédigées, sur un registre particulier, par l'un des Consuls.

147. Le Consulat pourvoit, d'après les lois, à la sûreté extérieure et intérieure de la République.

Il peut faire des proclamations conformes aux lois et pour leur exécution.

Il dispose de la force armée, sans cependant pouvoir la commander ni collectivement, ni par aucun de ses membres, soit pendant le temps de ses fonctions, soit pendant les deux années qui suivent immédiatement l'expiration de ces mêmes fonctions.

148. Si le Consulat est informé qu'il se trame quelque conspiration contre la sûreté intérieure ou extérieure de l'État, il peut décerner des mandats d'amener et des mandats d'arrêt contre ceux qui en sont présumés les auteurs ou les complices ; il peut les interroger : mais il est obligé, sous les peines portées contre le crime de détention arbitraire, de les renvoyer par-devant l'officier de police, dans le délai de vingt-quatre heures.

149. Le Consulat nomme les généraux en chef ; il ne peut les choisir parmi les parens ou alliés de ses membres, dans les degrés exprimés par l'article 141.

150. Il nomme pareillement tous les officiers au-dessus du grade de capitaine. La loi détermine le mode des nominations aux emplois de capitaines et autres grades inférieurs.

151. Il peut révoquer tous les officiers militaires, de quelque grade qu'ils soient.

152. Il surveille et assure l'exécution des lois dans les administrations et tribunaux, par des préfets consulaires à sa nomination.

153. Il nomme hors de son sein les ministres, et les révoque lorsqu'il le juge convenable.

Il ne peut les choisir au-dessous de l'âge de trente ans, ni parmi les parens ou alliés de ses membres, aux degrés énoncés dans l'article 141.

154. Les ministres correspondent immédiatement avec les autorités qui leur sont subordonnées.

155. La loi détermine les attributions et le nombre des ministres ; ce nombre est nécessairement de quatre ou de six.

156. Les ministres ne forment point un conseil.

157. Les ministres sont respectivement responsables tant de l'inexécution des lois que de celle des arrêtés consulaires.

158. Le Consulat nomme les questeurs de chaque département.

159. Il nomme aussi les préposés aux régies des contributions indirectes et à l'administration des biens nationaux.

160. L'article 114 et les suivans, jusqu'à l'article 126 inclusivement, relatifs à la garantie des Conseils, sont communs aux Consuls.

161. Dans le cas où plus de deux consuls seraient mis en accusation par la haute-cour de justice, les Conseils législatifs pourvoiront, dans les formes ordinaires, à leur remplacement provisoire durant le jugement.

162. Hors les cas des articles 119 et 121, les Consuls ne peuvent être cités ou appelés, ni collectivement, ni individuellement, soit par le Tribunat, soit par le Sénat.

163. Les comptes et les éclaircissemens demandés par l'un ou l'autre Conseil au Consulat, sont fournis par écrit.

164. Le Consulat est tenu, chaque année, de présenter par écrit, à l'un et à l'autre Conseil, l'aperçu des dépenses, la situation des finances, l'état des pensions existantes, ainsi que le projet de celles qu'il croit convenable d'établir.

Il doit indiquer les abus qui sont à sa connaissance.

165. Le Consulat peut, en tout temps, inviter par écrit le Tribunat ou le Sénat à prendre un objet en considération ; il peut lui proposer des mesures, mais non des projets rédigés en forme de lois.

166. Aucun consul ne peut s'absenter plus de cinq jours sans l'autorisation expresse de ses collègues. Il ne peut en aucun cas s'éloigner du lieu de la résidence du Consulat de plus de quatre myriamètres (vingt-six milles, huit cent cinquante-deux pas romains).

167. Les membres du Consulat ne peuvent paraître, dans l'exercice de leurs fonctions, soit au dehors, soit dans l'intérieur de leurs maisons, que revêtus du costume qui leur est propre.

168. Le Consulat a sa garde habituelle, et soldée aux frais de la République, composée de moitié d'infanterie, moitié de cavalerie ; elle est égale en nombre à celle de chacun des Conseils législatifs.

169. Le Consulat est accompagné de sa garde dans les cérémonies et marches publiques, où il a toujours le premier rang.

170. Chaque consul se fait accompagner au-dehors de deux gardes.

171. Tout poste de force armée doit au Consulat, et à chacun de ses membres en particulier, les honneurs militaires supérieurs.

172. Le Consulat a deux messagers d'État, qu'il nomme et qu'il peut destituer.

Ils portent aux deux Conseils législatifs les lettres et les mémoires du Consulat : ils ont entrée à cet effet dans le lieu des séances des Conseils législatifs.

Ils marchent précédés de deux appariteurs.

173. Le Consulat réside dans la même commune que les Conseils législatifs.

174. Les Consuls sont logés aux frais de la République, et dans un même édifice.

175. Le traitement de chacun d'eux est fixé, pour chaque année, à la valeur de 15 mille myriagrammes de froment *(639 rubbj)*.

TITRE VII.

CORPS ADMINISTRATIFS ET MUNICIPAUX.

176. Il y a dans chaque département une administration centrale, et dans chaque canton une administration municipale au moins.

177. Tout membre d'une administration départementale ou municipale doit être âgé de vingt-cinq ans au moins.

178. L'ascendant et le descendant en ligne directe, les frères, l'oncle et le neveu, et les alliés aux mêmes degrés, ne peuvent simultanément être membres de la même administration, ni s'y succéder qu'après un intervalle de deux ans.

179. Chaque administration de département est composée de trois membres ; elle est renouvelée par tiers tous les deux ans.

180. Toute commune dont la population s'élève depuis dix mille habitans jusqu'à cent mille, a pour elle seule une municipalité.

181. Il y a en chaque commune dont la population est inférieure à dix mille habitans, un édile et un adjoint.

182. La réunion des édiles de chaque commune forme la municipalité du canton.

183. Il y a de plus un président de l'administration municipale, choisi dans tout le canton.

184. Dans les communes dont la population s'élève de dix mille à cent mille habitans, il y a sept édiles, en comptant le président.

185. Dans les communes dont la population excède cent mille habitans, il y a au moins trois municipalités.

Dans ces communes, la division des municipalités se fait de manière que la population de l'arrondissement de chacune ne soit pas moindre de trente mille individus.

La municipalité de chaque arrondissement est composée de sept édiles, en comptant le président.

186. Il y a, dans les communes divisées en plusieurs municipalités , un bureau central pour les objets jugés indivisibles par les Conseils législatifs.

Ce bureau est composé de trois grands édiles nommés par le Consulat.

187. Les édiles sont nommés pour deux ans, et renouvelés chaque année par moitié ou par partie la plus approximative de la moitié , et alternativement par la fraction la plus forte et par la fraction la plus faible.

188. Les administrateurs de département et les édiles peuvent être réélus une fois sans intervalle.

189. Tout citoyen qui a été deux fois de suite élu administrateur de département, et qui en a rempli les fonctions en vertu de l'une et de l'autre élection, ne peut être élu de nouveau qu'après un intervalle de deux années : il en est ainsi pour l'édilité.

190. Dans le cas où une administration départementale ou municipale perdrait un ou plusieurs de ses membres par mort, démission ou autrement, le Consulat nomme, en remplacement, des administrateurs temporaires qui exercent en cette qualité jusqu'aux élections suivantes.

191. Les administrations départementales et municipales ne peuvent modifier les actes des Conseils législatifs ni ceux du Consulat, ni en suspendre l'exécution.

Elles ne peuvent s'immiscer dans les objets dépendans de l'ordre judiciaire.

192. Les administrateurs sont essentiellement chargés de la répartition des contributions directes et de la surveillance des deniers provenant des revenus publics dans leur territoire.

La loi détermine les règles et le mode de leurs fonctions, tant sur ces objets que sur les autres parties de l'administration intérieure.

193. Le Consulat nomme auprès de chaque administration départementale et municipale, un préfet consulaire qu'il révoque lorsqu'il le juge convenable.

Ce préfet surveille et requiert l'exécution des lois. Il doit avoir au moins vingt-cinq ans.

194. Les municipalités sont subordonnées aux administrations de département, et celles-ci aux ministres.

En conséquence, les ministres peuvent annuller, chacun dans sa partie, les actes des administrations de département, et celles-ci les actes des municipalités, lorsque ces actes sont contraires aux lois ou aux ordres des autorités supérieures.

195. Les ministres peuvent aussi suspendre les administrateurs de département qui ont contrevenu aux lois ou aux ordres des autorités supérieures, et les administrations de département ont le même droit à l'égard des membres des municipalités.

196. Aucune suspension ni annullation ne devient définive sans la confirmation formelle du Consulat.

197. Le Consulat peut aussi annuller immédiatement les actes des administrations départementales ou municipales.

Il peut suspendre ou destituer immédiatement, lorsqu'il le croit nécessaire, les administrateurs de département et les édiles, et les envoyer devant les tribunaux de département, lorsqu'il y a lieu.

198. Tout arrêté portant cassation d'actes, suspension ou destitution d'administrateurs de département et d'édiles, doit être motivé.

199. Les administrations de département et les municipalités ne peuvent correspondre entre elles que sur les affaires qui leur sont attribuées par la loi, et non sur les intérêts généraux de la République.

200. Toute administration doit annuellement le compte de sa gestion.

Les comptes rendus par les administrations départementales sont imprimés, et ne peuvent être approuvés définitivement que par le Consulat.

201. Tous les actes des corps administratifs sont rendus publics par le dépôt du registre où ils sont consignés, et qui est ouvert à tous les administrés.

Ce registre est clos tous les six mois, et n'est déposé que du jour qu'il a été clos.

La loi peut proroger, selon les circonstances, le délai fixé pour ce dépôt.

TITRE VIII.

ADMINISTRATION DE LA JUSTICE.

Dispositions générales.

202. Les fonctions judiciaires ne peuvent être exercées ni par les Conseils législatifs, ni par le Consulat.

203. Les juges ne peuvent s'immiscer dans l'exercice du pouvoir législatif.

Ils ne peuvent arrêter ni suspendre l'exécution d'aucune loi, ni citer devant eux les administrateurs de département ou les édiles pour raison de leurs fonctions s'ils n'y sont autorisés par le Consulat.

204. Nul ne peut être distrait des juges que la loi lui assigne, par aucune commission, ni par d'autres attributions que celles qui sont déterminées par une loi antérieure.

205. Les juges ne peuvent être destitués que pour forfaiture légalement jugée, ni suspendus que par une accusation admise.

206. L'ascendant et le descendant en ligne directe, les frères, l'oncle et le neveu, les cousins au premier degré, et les alliés à ces divers degrés, ne peuvent être simultanément membres du même tribunal.

207. Les séances des tribunaux sont publiques; les juges délibèrent en secret: les jugemens sont prononcés à haute voix; ils sont motivés, et on y énonce les termes de la loi appliquée.

208. Nul citoyen, s'il n'a l'âge de vingt-cinq ans accomplis, ne peut être élu juge d'un tribunal de département, ni préteur, ni assesseur du préteur, ni membre de la haute-préture, ni juré, ni préfet consulaire près les tribunaux.

De la justice civile.

209. Il ne peut être porté atteinte au droit de faire prononcer sur les différens par des arbitres du choix des parties.

210. La décision de ces arbitres est sans appel et sans recours à la haute-préture, si les parties ne l'ont expressément réservé.

211. Il y a, dans chaque arrondissement déterminé par la loi, un préteur et ses assesseurs.

Ils sont tous élus pour deux ans, et peuvent être immédiatement et indéfiniment réélus.

212. La loi détermine les objets dont les préteurs et leurs assesseurs connaissent en dernier ressort.

Elle leur en attribue d'autres, qu'ils jugent à la charge de l'appel.

213. Les affaires dont le jugement n'appartient point aux préteurs, soit en dernier ressort, soit à la charge d'appel, sont portées immédiatement devant le préteur et ses assesseurs, pour être conciliées.

Si le préteur ne peut les concilier, il les renvoie devant le tribunal civil.

214. Il y a un tribunal civil par chaque département. Chaque tribunal civil est composé d'un préfet consulaire, de son substitut et d'un scribe, nommés et révocables par le Consulat, et de cinq juges au moins : tous les cinq ans on procède à l'élection des cinq juges, qui peuvent être réélus.

215. Lors de l'élection des juges, il est nommé cinq suppléans, dont trois sont pris parmi les citoyens résidant dans la commune où siége le tribunal.

216. Le tribunal civil prononce en dernier ressort, 1.º dans les cas déterminés par la loi; 2.º sur les appels des jugemens soit des préteurs, soit des arbitres.

217. L'appel des jugemens prononcés par le tribunal civil se porte au tribunal civil de l'un des trois autres départemens déterminés par la loi.

218. Le tribunal civil ne peut juger au-dessous du nombre de trois juges.

De la justice censoriale et criminelle.

219. Nul ne peut être saisi que pour être conduit devant l'officier de police ; et nul ne peut être mis en arrestation ou détenu, qu'en vertu d'un mandat d'arrêt des officiers de police, ou du Consulat dans le cas de l'article cent quarante-huit, ou d'une ordonnance de prise de corps, soit d'un tribunal, soit du directeur du jury d'accusation, ou d'un décret d'accusation de la haute-cour de justice dans les cas où il lui appartient de la prononcer, ou d'un jugement de condamnation à la prison ou détention censoriale.

220. Pour que l'acte qui ordonne l'arrestation puisse être exécuté, il faut,

1.° Qu'il exprime formellement le motif de l'arrestation, et la loi en conformité de laquelle elle est ordonnée ;

2.° Qu'il ait été notifié à celui qui en est l'objet, et qu'il lui en ait été laissé copie.

221. Toute personne saisie et conduite devant l'officier de police, sera examinée sur-le-champ, ou dans le jour au plus tard.

222. S'il résulte de l'examen, qu'il n'y a aucun sujet d'inculpation contre elle, elle sera remise aussitôt en liberté ; ou, s'il y a lieu de l'envoyer à la maison d'arrêt, elle y sera conduite dans le plus bref délai, qui, en aucun cas, ne pourra excéder trois jours.

223. Nulle personne arrêtée ne peut être retenue, si elle donne caution suffisante, dans tous les cas où la loi permet de rester libre sous cautionnement.

224. Nulle personne, dans le cas où sa détention est autorisée par la loi, ne peut être conduite ou détenue que dans les lieux légalement et publiquement désignés pour servir de maison d'arrêt, de maison de justice ou de maison de détention.

Constit. rom.   C

225. Nul gardien ou geolier ne peut recevoir ni retenir aucune personne qu'en vertu d'un mandat d'arrêt, selon les formes prescrites par les articles deux cent dix-neuf et deux cent vingt, d'un ordre d'emprisonnement, d'un décret d'accusation, ou d'un jugement de condamnation à prison ou détention censoriale, et sans que la transcription en ait été faite sur son registre.

226. Tout gardien ou geolier est tenu, sans qu'aucun ordre puisse l'en dispenser, de représenter la personne détenue à l'officier civil ayant la police de la maison de détention, toutes les fois qu'il en sera requis par cet officier.

227. La représentation de la personne détenue ne pourra être refusée à ses parens et amis porteurs de l'ordre de l'officier civil, lequel sera toujours tenu de l'accorder, à moins que le gardien ou geolier ne représente une ordonnance du juge, transcrite sur son registre, pour tenir la personne arrêtée au secret.

228. Tout homme, quelle que soit sa place ou son emploi, autre que ceux à qui la loi donne le droit d'arrestation, qui donnera, signera, exécutera ou fera exécuter l'ordre d'arrêter un individu ; ou quiconque, même dans le cas d'arrestation autorisée par la loi, conduira, recevra, ou retiendra un individu dans un lieu de détention non publiquement et légalement désigné ; et tous gardiens ou geoliers qui contreviendront aux dispositions des trois articles précédens, seront coupables du crime de détention arbitraire.

229. Toutes rigueurs employées dans les arrestations, détentions ou exécutions, autres que celles prescrites par la loi, sont des crimes.

230. Il y a dans chaque département, pour le jugement des délits dont la peine n'est ni afflictive ni infamante, deux tribunaux de censure au moins, et quatre au plus.

Ces tribunaux ne pourront prononcer de peine plus grave que l'emprisonnement pour deux années.

La connaissance des délits dont la peine n'excède pas soit la valeur de trois journées de travail, soit un emprisonnement de trois jours, est déléguée au tribunal de police, composé du préteur et de deux de ses assesseurs, qui prononcent en dernière instance.

231. Chaque tribunal de censure est composé d'un président élu pour cinq ans par les assemblées électorales, de deux préteurs ou assesseurs du préteur de la commune où le tribunal est établi, et d'un préfet consulaire, nommé et révocable par le Consulat.

232. Il y a appel des jugemens du tribunal de censure par-devant le tribunal criminel du département.

233. En matière de délits emportant peine afflictive ou infamante, nulle personne ne peut être jugée que sur une accusation admise par les jurés.

234. Un premier jury déclare si l'accusation doit être admise ou rejetée : le fait est reconnu par un second jury, et la peine déterminée par la loi est appliquée par des tribunaux criminels.

235. Les jurés ne votent que par scrutin secret.

236. Les jurés de jugement ne pourront juger pour ou contre, dans les vingt-quatre heures de leur réunion, qu'à l'unanimité : ils seront, durant ce temps, exclus de toute communication extérieure. Si, après ce temps, ils déclarent n'avoir pu s'accorder à un suffrage unanime, ils se réuniront de nouveau, et la déclaration se fera à la majorité absolue : en cas de suffrages égaux, l'opinion favorable à l'accusé prévaudra.

237. Les directeurs du jury d'accusation, et les présidens des tribunaux criminels, forment au sort les tableaux des jurés sur les listes qui sont dressées, suivant le mode que la loi détermine, par les administrations centrales, et qui peuvent être annullées par les Consuls.

238. Il y a dans chaque département autant de jurys d'accusation que de tribunaux de censure.

Les présidens des tribunaux de censure en sont les directeurs, chacun dans son arrondissement.

239. Dans les communes au-dessus de cinquante mille ames, il pourra être établi par la loi, outre le président du tribunal de censure, autant de directeurs de jurys d'accusation que l'expédition des affaires l'exigera.

240. Les fonctions de préfet consulaire et de scribe près le directeur du jury d'accusation, sont remplies par le préfet consulaire et par le scribe du tribunal de censure.

241. Chaque directeur du jury d'accusation a la surveillance immédiate de tous les officiers de police de son arrondissement.

242. Le directeur du jury d'accusation procède immédiatement, comme officier de police, sur les dénonciations que lui fait le préfet consulaire, soit d'office, soit d'après les ordres du Consulat,

1.º Sur les attentats contre la liberté ou la sûreté individuelle des citoyens;

2.º Sur ceux commis contre le droit des gens;

3.º Sur la rebellion à l'exécution soit des jugemens, soit de tous les actes exécutoires émanés des autorités constituées ;

4.º Sur les troubles occasionnés et les voies de fait commises pour entraver la perception des contributions, la libre circulation des subsistances et des autres objets de commerce.

243. Il y a un tribunal criminel pour chaque département.

244. Le tribunal criminel est composé d'un président, de deux juges pris parmi ceux du tribunal civil, du préfet consulaire près le tribunal civil, ou de son substitut, et d'un scribe. Le président et le scribe sont choisis pour cinq ans par les assemblées électorales : ils peuvent toujours être réélus.

245. Le préfet consulaire est chargé,

1.º De poursuivre les délits sur les actes d'accusation admis par les premiers jurés;

2.º De transmettre aux officiers de police les dénonciations qui lui sont adressées directement ;

3.° De surveiller les directeurs du jury d'accusation, les officiers de police du département, et d'agir contre eux suivant la loi, en cas de négligence ou de faits plus graves.

4.° De requérir, dans le cours de l'instruction, pour la régularité des formes, et avant le jugement, pour l'application de la loi ;

5.° De poursuivre l'exécution des jugemens rendus par le tribunal criminel, de dénoncer les abus et excès de pouvoir et les prévarications.

246. Les juges ne peuvent proposer aux jurés aucune question complexe.

247. Le jury de jugement est de douze jurés au moins : l'accusé a la faculté d'en récuser, sans donner de motifs, un nombre que la loi détermine.

248. L'instruction devant ledit tribunal criminel est publique, et l'on ne peut refuser aux accusés le secours d'un conseil, qu'ils ont la faculté de choisir, ou qui leur est nommé d'office.

249. Toute personne acquittée par un jury légal, ne peut plus être inquiétée ni accusée pour le même fait.

De la haute-préture.

250. Il y a pour toute la République un tribunal de haute préture, qui juge,

1.° Les demandes en cassation contre les jugemens en dernier ressort rendus par les tribunaux ;

2.° Les demandes en renvoi d'un tribunal à un autre, pour cause de suspicion légitime ou de sûreté publique ;

3.° Les questions d'incompétence, et les actions intentées contre un tribunal entier.

251. Nul ne peut être élu membre de la haute-préture, s'il n'est marié ou veuf.

252. Le tribunal de la haute-préture ne peut jamais connaître du fond des affaires ; mais il casse les jugemens rendus sur des procédures dans lesquelles les formes ont

été violées, ou qui contiennent quelque contravention expresse à la loi, et il renvoie le fond du procès au tribunal qui doit en connaître.

253. Chaque année le tribunal de la haute-préture est tenu d'envoyer à chacun des Conseils législatifs une députation qui lui présente l'état des jugemens rendus, avec la notice en marge, et le texte de la loi qui a déterminé le jugement.

254. Le nombre des juges de la haute-préture est de huit.

255. Ce tribunal est renouvelé par quart tous les deux ans.

Les assemblées électorales des départemens nomment successivement et alternativement les juges qui doivent remplacer ceux qui sortent du tribunal de la haute-préture.

Les juges de ce tribunal peuvent toujours être réélus.

256. Chaque juge du tribunal de la haute-préture a un suppléant élu par la même assemblée électorale.

257. Il y a près de ce tribunal un préfet consulaire et un substitut, nommés et destituables par le Consulat.

258. Les Conseils législatifs ne peuvent annuller les jugemens du tribunal de la haute-préture; ils peuvent cependant ordonner de procéder contre les juges qui auraient encouru la forfaiture.

Haute-cour de justice.

259. Il y a une haute-cour de justice pour juger les accusations admises par les Conseils législatifs, soit contre leurs propres membres, soit contre les consuls.

260. La haute-cour de justice est composée d'un jury d'accusation, d'un jury de jugement, d'un directeur du jury d'accusation, d'un préfet national et de trois juges.

261. La haute-cour de justice ne se forme qu'en vertu d'une proclamation du Tribunat.

262. Elle se forme et tient ses séances dans le lieu désigné par la proclamation du Tribunat.

Ce lieu ne peut être plus près qu'à quatre myriamètres (26 milles, 852 pas romains) du lieu où résident les Conseils législatifs.

263. Lorsque le Tribunat a proclamé la formation de la haute-cour de justice, le tribunal de la haute-préture tire au sort six de ses membres dans une séance publique ; il nomme de suite, dans la même séance, par la voie du scrutin secret, trois de ces six : les trois juges ainsi nommés sont les juges de la haute-cour de justice ; ils choisissent entre eux un président.

264. Le tribunal de la haute-préture nomme dans la même séance, par scrutin, à la majorité absolue, deux de ses membres pour remplir, à la haute-cour de justice, les fonctions, l'un de directeur du jury d'accusation, l'autre de préfet national.

265. Les assemblées électorales de chaque département nomment tous les ans huit jurés pour la haute-cour de justice.

266. Le Consulat fait imprimer et publier, un mois après l'époque des élections, la liste des jurés nommés pour la haute-cour de justice.

267. La haute-cour de justice se divise en deux sections :

La première, dite section d'accusation, est composée du directeur du jury d'accusation, du préfet national, et de huit hauts-jurés tirés au sort sur la liste générale;

La seconde, dite section de jugement, est composée de trois juges, du préfet national, et de seize hauts-jurés pareillement pris au sort sur la liste générale.

TITRE IX.

DE LA FORCE ARMÉE.

268. La force armée est instituée pour défendre l'État

contre les ennemis du dehors, et pour assurer au-dedans le maintien de l'ordre et l'exécution des lois.

269. La force publique est essentiellement obéissante : nul corps armé ne peut délibérer.

270. Elle se distingue en garde nationale sédentaire, et garde nationale en activité.

De la garde nationale sédentaire.

271. La garde nationale sédentaire est composée de tous les citoyens et fils de citoyens en état de porter les armes.

272. Son organisation et sa discipline sont les mêmes pour toute la République; elles sont déterminées par la loi.

273. Aucun Romain ne peut exercer les droits de citoyen, s'il n'est inscrit au rôle de la garde nationale sédentaire.

274. Les distinctions de grades et la subordination n'y subsistent que relativement au service et pendant sa durée.

275. Les officiers de la garde nationale sédentaire sont élus à temps par les citoyens qui la composent, et ne peuvent être réélus qu'après un intervalle.

276. Le commandement de la garde nationale d'un département entier ne peut être confié habituellement à un seul citoyen.

277. S'il est jugé nécessaire de rassembler toute la garde nationale d'un département, le Consulat peut nommer un commandant temporaire.

278. Le commandement de la garde nationale sédentaire, dans une ville de cent mille habitans et au-dessus, ne peut être habituellement confié à un seul homme.

De la garde nationale en activité.

279. La République entretient à sa solde, même en

temps de paix, sous le nom de garde nationale en activité, une armée de terre et de mer.

280. L'armée se forme par enrôlement volontaire, et, en cas de besoin, par le mode que la loi détermine.

281. Les généraux en chef des troupes de terre et de mer ne sont nommés qu'en cas de guerre. Ils reçoivent du Consulat des commissions révocables à volonté : la durée de ces commissions se borne à une campagne; mais elles peuvent être continuées.

282. Il ne peut être nommé de généralissime.

283. L'armée de terre et de mer est soumise à des lois particulières pour la discipline, la forme des jugemens et la nature des peines.

284. Aucune partie de la garde nationale sédentaire ni de la garde nationale en activité, ne peut agir, pour le service intérieur de la République, que sur la réquisition par écrit de l'autorité civile, dans les formes prescrites par la loi.

285. La force publique ne peut être requise par les autorités civiles que dans l'étendue de leur territoire; elle ne peut se transporter d'un canton dans un autre sans y être autorisée par l'administration de département, ni d'un département dans un autre sans les ordres des Consuls.

286. Néanmoins les Conseils législatifs déterminent les moyens d'assurer par la force publique l'exécution des jugemens et la poursuite des accusés sur tout le territoire de la République.

287. En cas de dangers imminens, l'administration municipale d'un canton peut requérir la garde nationale des cantons voisins : en ce cas, l'administration qui a requis, et les chefs des gardes nationales qui ont été requises, sont également tenus d'en rendre compte au même instant à l'administration départementale.

288. Aucune troupe étrangère ne peut être introduite sur le territoire de la République, sans le consentement préalable des Conseils législatifs.

TITRE X.

INSTRUCTION PUBLIQUE.

289. Il y a, dans la République, des écoles primaires où les élèves apprennent à lire, à écrire, les élémens du calcul et ceux de la morale.

290. Il y a dans les diverses parties de la République, des écoles supérieures aux écoles primaires, et dont le nombre sera déterminé par la loi.

291. Il y a, pour toute la République, un institut national chargé de recueillir les découvertes, de perfectionner les arts et les sciences.

292. Les divers établissemens d'instruction publique n'ont entre eux aucun rapport de subordination, ni de correspondance administrative.

293. Les citoyens ont le droit de former des établissemens particuliers d'éducation et d'instruction, ainsi que des sociétés libres, pour concourir aux progrès des sciences, des lettres et des arts.

294. Il sera établi des fêtes nationales, pour entretenir la fraternité entre les citoyens, et les attacher à la Constitution, à la patrie et aux lois.

TITRE XI.

FINANCES.

Contributions.

295. Les contributions publiques sont délibérées et fixées chaque année par les Conseils législatifs. A eux seuls appartient d'en établir. Elles ne peuvent subsister au-delà d'un an, si elles ne sont expressément renouvelées.

296. Les Conseils législatifs peuvent créer tel genre de contribution qu'ils croiront nécessaire; mais ils doivent établir chaque année une imposition foncière et une imposition personnelle.

297. Tout individu qui, n'étant pas dans le cas des articles 10 et 11 de la Constitution, n'a pas été compris au rôle des contributions directes, a le droit de se présenter à la municipalité de sa commune, et de s'y inscrire pour une contribution personnelle égale à la valeur locale de trois journées de travail agricole.

298. L'inscription mentionnée dans l'article précédent ne peut se faire que durant le mois de messidor de chaque année.

299. Les contributions de toute nature sont réparties entre tous les contribuables, à raison de leurs facultés.

300. Le Consulat dirige et surveille la perception et le versement des contributions, et donne à cet effet tous les ordres nécessaires.

301. Les comptes détaillés de la dépense des ministres, signés et certifiés par eux, sont rendus publics au commencement de chaque année.

Il en sera de même des états de recette des diverses contributions, et de tous les revenus publics.

302. Les états de ces dépenses et recettes sont distingués suivant leur nature ; ils expriment les sommes touchées et dépensées, année par année, dans chaque partie d'administration générale.

303. Sont également publiés les comptes des dépenses particulières aux départemens et relatives aux tribunaux, aux administrations, aux progrès des sciences, à tous les travaux et établissemens publics.

304. Les administrations de département et les municipalités ne peuvent faire aucune répartition au-delà des sommes fixées par les Conseils législatifs, ni délibérer ou permettre, sans être autorisées par eux, aucun emprunt local à la charge des citoyens du département, de la commune ou du canton.

305. Aux Conseils législatifs appartient le droit de régler la fabrication et l'émission de toute espèce de monnaie, d'en fixer la valeur et le poids, et d'en déterminer le type.

306. Le Consulat surveille la fabrication des monnaies, et nomme les officiers chargés d'exercer immédiatement cette inspection.

Grande questure , et comptabilité.

307. Il y a trois grands questeurs, nommés et révocables par les Consuls; ils ne peuvent être pris que parmi les citoyens mariés ou veufs.

308. Les grands questeurs sont chargés de surveiller le recouvrement de tous les deniers nationaux ;

D'ordonner les mouvemens de fonds et le paiement de toutes les dépenses publiques consenties par les Conseils législatifs ;

De tenir un compte ouvert de dépense et de recette avec le questeur de chaque département, avec les différentes régies nationales ;

D'entretenir avec lesdits questeurs, avec les régies et administrations, la correspondance nécessaire pour assurer la rentrée exacte et régulière des fonds.

309. Ils ne peuvent rien faire payer , sous peine de forfaiture, qu'en vertu ,

1.º D'une loi, et jusqu'à concurrence des fonds décrétés sur chaque objet ;

2.º D'une décision du Consulat ;

3.º De la signature du ministre qui ordonne la dépense.

310. Les questeurs ne peuvent aussi, sous peine de forfaiture, approuver aucun paiement , si le mandat, signé par le ministre que ce genre de dépense concerne, n'énonce pas la date tant de la décision du Consulat que de la loi qui autorise le paiement.

311. Les questeurs de chaque département , les différentes régies nationales, et les payeurs dans les départemens, remettent à la grande questure leurs comptes respectifs : la grande questure les vérifie et les arrête provisoirement.

312. Il y a trois commissaires de la comptabilité

nationale, élus par les Conseils législatifs, chacun séparément et successivement, sur une liste sextuple, arrêtée par le Tribunat, qui la présente au Sénat, lequel commence par en extraire trois au sort, et choisit au scrutin secret parmi les trois restans.

313. Le compte général des recettes et des dépenses de la République, appuyé des comptes particuliers et des pièces justificatives, est présenté par les grands questeurs aux commissaires de la comptabilité, qui le vérifient et l'approuvent.

314. Les commissaires de la comptabilité donnent connaissance aux Conseils législatifs, des abus, malversations, et de tous les cas de responsabilité qu'ils découvrent dans le cours de leurs opérations; ils proposent dans leur partie les mesures convenables aux intérêts de la République.

315. Le résultat des comptes arrêtés par les commissaires de la comptabilité, est imprimé et rendu public.

316. Les commissaires de la comptabilité ne peuvent être suspendus ni destitués que par les Conseils législatifs.

TITRE XII.

RELATIONS EXTÉRIEURES.

317. La guerre ne peut être décidée que par un décret des Conseils législatifs, sur la proposition formelle et nécessaire des Consuls.

318. Les deux Conseils législatifs concourent, dans les formes ordinaires, à l'acte par lequel la guerre est décidée.

319. En cas d'hostilités imminentes ou commencées, de menaces ou de préparatifs de guerre contre la République romaine, le Consulat est tenu d'employer, pour la défense de l'État, les moyens mis à sa disposition, à la charge d'en prévenir, sans délai, les Conseils législatifs.

320. Le Consulat seul peut entretenir des relations

politiques au dehors, conduire les négociations, distri-
buer les forces de terre et de mer ainsi qu'il le juge
convenable, et en régler la direction en cas de guerre.

321. Il est autorisé à faire les stipulations prélimi-
naires de paix ; il peut conclure aussi des conventions
secrètes.

322. Le Consulat arrête, signe ou fait signer avec les
puissances étrangères, tous les traités de paix, d'alliance,
de trève, de neutralité, de commerce, et autres conventions qu'il juge nécessaires au bien de l'État.

Ces traités et conventions sont négociés, au nom de
la République, par des agens diplomatiques nommés
par les Consuls, et chargés de leurs instructions.

323. Dans le cas où un traité renferme des articles
secrets, les dispositions de ces articles ne peuvent être
destructives des articles patens, ni contenir aucune alié-
nation du territoire de la République.

324. Les traités ne sont valables qu'après avoir été
examinés et ratifiés par les Conseils législatifs ; néanmoins
les conditions secrètes peuvent recevoir provisoirement
leur exécution dès l'instant même où elles sont arrêtées
par les Consuls.

325. L'un et l'autre Conseils législatifs ne délibèrent
sur la guerre ni sur la paix qu'en comité général.

326. Les étrangers établis ou non dans la République
romaine, succèdent à leurs parens étrangers ou romains ;
ils peuvent contracter, acquérir et recevoir des biens
situés dans la République romaine, et en disposer, de
même que les citoyens romains, par tous les moyens
autorisés par les lois.

TITRE XIII.

RÉVISION DE LA CONSTITUTION.

327. Si l'expérience faisait sentir les inconvéniens de
quelques articles de la Constitution, le Sénat en propo-
serait la révision.

328. La proposition du Sénat est, en ce cas, soumise à la ratification du Tribunat.

329. Quand la proposition de révision a été faite par le Sénat et ratifiée par le Tribunat, si, dans le cours de la septième année après cette ratification, la proposition est renouvelée par le Sénat et également ratifiée par le Tribunat, on convoquera l'assemblée de révision.

Le Tribunat est obligé de prononcer sur les propositions de ce genre, dans les trois mois qui suivront leur notification, sans quoi elles seront réputées rejetées.

330. Cette assemblée est formée de cinq membres par département, tous élus de la même manière que les membres des Conseils législatifs, et réunissant les mêmes conditions que celles exigées pour le Sénat.

331. Le Sénat désigne, pour la réunion de l'assemblée de révision, un lieu distant de quatre myriamètres (26 milles, 852 pas romains) au moins de celui où siégent les Conseils législatifs.

332. L'assemblée de révision a le droit de changer le lieu de sa résidence, en observant la distance prescrite par l'article précédent.

333. L'assemblée de révision n'exerce aucune fonction législative ni de gouvernement ; elle se borne à la révision des seuls articles constitutionnels qui lui ont été désignés par les Conseils législatifs.

334. Tous les articles de la Constitution, sans exception, continuent d'être en vigueur tant que les changemens proposés par l'assemblée de révision n'ont pas été acceptés par le peuple.

335. Les membres de l'assemblée de révision délibèrent en commun.

336. Les citoyens qui sont membres des Conseils législatifs au moment où une assemblée de révision est convoquée, ne peuvent être élus membres de cette assemblée.

337. L'assemblée de révision adresse immédiatement aux comices le projet de réforme qu'elle a arrêté,

Elle est dissoute dès que ce projet leur a été adressé.

338. En aucun cas, la durée de l'assemblée de révision ne peut excéder trois mois.

339. Les membres de l'assemblée de révision ne peuvent être recherchés, accusés ni jugés, en aucun temps, pour ce qu'ils ont dit ou écrit dans l'exercice de leurs fonctions.

Pendant la durée de ces fonctions, ils ne peuvent être mis en jugement, si ce n'est devant la haute-cour de justice et par une décision des membres mêmes de l'assemblée de révision.

340. L'assemblée de révision n'assiste à aucune cérémonie publique; ses membres reçoivent la même indemnité que celle des membres des Conseils législatifs.

341. L'assemblée de révision a le droit d'exercer ou faire exercer la police dans la commune où elle réside.

TITRE XIV.

DISPOSITIONS GÉNÉRALES.

342. Il n'existe entre les citoyens d'autre supériorité que celle des fonctionnaires publics, et relativement à l'exercice de leurs fonctions.

343. La loi ne reconnaît ni vœux religieux, ni aucun engagement contraire aux droits naturels de l'homme.

344. Nul ne peut être empêché de dire, écrire, imprimer et publier sa pensée.

Les écrits ne peuvent être soumis à aucune censure avant leur publication.

Mais chacun sera responsable de ce qu'il aura écrit ou publié.

Jusqu'à ce que la loi ait déterminé les cas de cette responsabilité, le Consulat est chargé de procéder contre les écrits calomnieux et séditieux.

345. Il n'y a ni privilége, ni maîtrise, ni jurande, ni limitation à la liberté de la presse, du commerce, et à l'exercice de l'industrie et des arts de toute espèce.

Toute

Toute loi prohibitive en ce genre, quand les circonstances la rendent nécessaire, est essentiellement provisoire, et n'a d'effet que pendant un an au plus, à moins qu'elle ne soit formellement renouvelée.

346. La loi surveille particulièrement les professions qui intéressent les mœurs publiques, la sûreté et la santé des citoyens ; mais on ne peut faire dépendre l'admission à l'exercice de ces professions, d'aucune prestation pécuniaire.

347. La Constitution garantit l'inviolabilité de toutes les propriétés, ou la juste indemnité de celles dont la nécessité publique, légalement constatée, exigerait le sacrifice.

348. La maison de chaque citoyen est un asile inviolable : pendant la nuit, nul n'a le droit d'y entrer que dans les cas d'incendie, d'inondation, ou de réclamation venant de l'intérieur de la maison.

Pendant le jour, on peut y exécuter les ordres des autorités constituées.

Aucune visite domiciliaire ne peut avoir lieu qu'en vertu d'une loi, et pour la personne ou l'objet expressément désigné dans l'acte qui ordonne la visite.

349. Il ne peut être formé de corporations ni d'associations contraires à l'ordre public.

350. Aucune assemblée de citoyens ne peut se qualifier société populaire.

351. Aucune société particulière s'occupant de questions politiques, ne peut correspondre avec aucune autre, ni s'affilier à elle, ni tenir des séances publiques composées de sociétaires et d'assistans distingués les uns des autres, ni imposer des conditions d'admission et d'éligibilité, ni s'arroger des droits d'exclusion, ni avoir de président, de secrétaire ni d'orateur, en un mot, aucune organisation, ni faire porter à ses membres aucun signe extérieur de leur association.

352. Les citoyens ne peuvent exercer leurs droits politiques que dans les comices ou dans les assemblées de tribus.

Constit. rom.   D

353. Tous les citoyens sont libres d'adresser aux autorités publiques des pétitions ; mais elles doivent être individuelles : nulle association ne peut en présenter de collectives, ni d'individuelles, si ce n'est les autorités constituées, et seulement pour des objets propres à leur attribution.

Les pétitionnaires ne doivent jamais oublier le respect dû aux autorités constituées.

354. Tout attroupement armé est un attentat à la Constitution ; il doit être dissipé sur-le-champ par la force.

355. Tout attroupement non armé doit être également dissipé, d'abord par voie de commandement verbal, et, s'il est nécessaire, par le développement de la force armée.

356. Plusieurs autorités constituées ne peuvent jamais se réunir pour délibérer ensemble ; aucun acte émané d'une telle réunion ne peut être exécuté.

357. Nul ne peut porter de marques distinctives qui rappellent des fonctions antérieurement exercées ou des services rendus.

358. Les membres des Conseils législatifs, et tous les fonctionnaires publics, portent, dans l'exercice de leurs fonctions, le costume ou le signe de l'autorité dont ils sont revêtus : la loi en détermine la forme.

359. Nul citoyen ne peut renoncer, ni en tout ni en partie, à l'indemnité ou au traitement qui lui est attribué par la loi à raison de fonctions publiques.

360. A compter de l'an XVI de l'ère républicaine, nul ne pourra être administrateur de département, juge d'un tribunal civil, président d'un tribunal criminel, préfet consulaire ou substitut près un tribunal civil ou criminel, s'il n'a été au moins pendant un an ou édile ou préfet consulaire près d'une municipalité, ou préteur ou assesseur du préteur, ou préfet consulaire près un tribunal de censure.

361. A compter de la même année, nul ne pourra être sénateur, tribun, ministre, haut préteur, préfet consulaire près la haute préture, grand questeur, s'il n'a été au moins

un an administrateur départemental, ou juge d'un tribunal civil, ou président d'un tribunal criminel, ou préfet, ou substitut du préfet consulaire près un tribunal civil ou criminel, ou dans des grades supérieurs à ceux-ci.

362. Les défenseurs de la patrie revêtus d'un grade d'officier, peuvent, en temps de paix, être nommés à toutes les fonctions désignées et dans l'ordre déterminé par les deux articles précédens. Ils reprennent leurs grades militaires après la cessation de leurs fonctions civiles.

363. Il y a dans la République uniformité de lois civiles et criminelles, de poids et de mesures.

364. L'ère républicaine, qui commence au 22 septembre 1792, jour de la fondation de la République française, est commune à la République romaine.

365. Il sera fait sur les émigrés une loi qui ne pourra être changée que dans les formes déterminées par le titre XIII.

366. La Nation romaine proclame pareillement, comme garantie de la foi publique, qu'après une adjudication légalement consommée de biens nationaux, quelle qu'en soit l'origine, l'acquéreur légitime ne peut en être dépossédé, sauf aux tiers réclamans à être, s'il y a lieu, indemnisés par le trésor national.

367. Nul fonctionnaire public établi par la présente Constitution, consul, ministre, législateur, questeur, administrateur, édile, électeur, préteur, juge, préfet consulaire, juré ordinaire ou spécial, haut-juré, secrétaire, scribe, ou autre quelconque, ne pourra exercer aucune fonction avant d'avoir prêté le serment de haine à la monarchie et à l'anarchie, de fidélité et attachement à la République et à la Constitution.

368. Les différentes nominations attribuées par la présente Constitution à toutes les fonctions qui en émanent, aux comices, aux assemblées de tribus, aux assemblées électorales, aux Conseils législatifs et aux Consuls, seront faites, pour la première fois, par le général

commandant les troupes françaises dans Rome. Elles auront le même effet et la même durée que si elles eussent été faites selon le mode constitutionnel. En faisant ces nominations, le général ne sera point lié par les règles établies dans la présente Constitution. Tous ceux qu'il nommera aux fonctions civiles ou militaires, acquerront le droit de citoyen romain.

369. Il sera fait, dans le plus bref délai, un traité d'alliance entre la République romaine et la République française. Jusqu'à la ratification de ce traité, toute loi émanée des Conseils législatifs romains ne pourra être promulguée et exécutée qu'avec l'approbation préalable du général commandant les troupes françaises dans Rome ; lequel pourra pareillement, de sa propre autorité, faire les lois qui lui paraîtront urgentes, en se conformant aux instructions qu'il recevra du Directoire de la République française.

Le Consulat sera tenu de promulguer ces dernières comme si elles fussent émanées du Pouvoir législatif.

370. Aucun des pouvoirs institués par la Constitution n'a le droit de la changer dans son ensemble ni dans aucune de ses parties, sauf les réformes qui pourront y être faites par la voie de la révision, conformément aux dispositions du titre XIII.

371. Les citoyens se rappelleront sans cesse que c'est de la sagesse des choix dans les comices et assemblées de tribus, que dépendent principalement la durée, la conservation et la prospérité de la République.

372. Le Peuple romain remet le dépôt de la présente Constitution à la fidélité des Conseils législatifs, des Consuls, des administrateurs et des juges ; à la vigilance des pères de famille, aux épouses et aux mères, à l'affection des jeunes citoyens, au courage de tous les Romains.

FIN DE LA CONSTITUTION.